Heinz-Josef van Ool

und geh die Wege deines Herzens

Verlag:
BoD · Books on Demand GmbH,
In de Tarpen 42, 22848 Norderstedt,
bod@bod.de
Druck:
Libri Plureos GmbH, Friedensallee 273,
22763 Hamburg

ISBN: 978-3-7693-1713-8

Heinz-Josef van Ool

und geh die Wege
deines Herzens
(Koh 11,9b)

וְהַלֵּךְ בְּדַרְכֵי לִבְּךָ

Gedanken/Ansprachen

für U.v.O

Inhaltsverzeichnis:

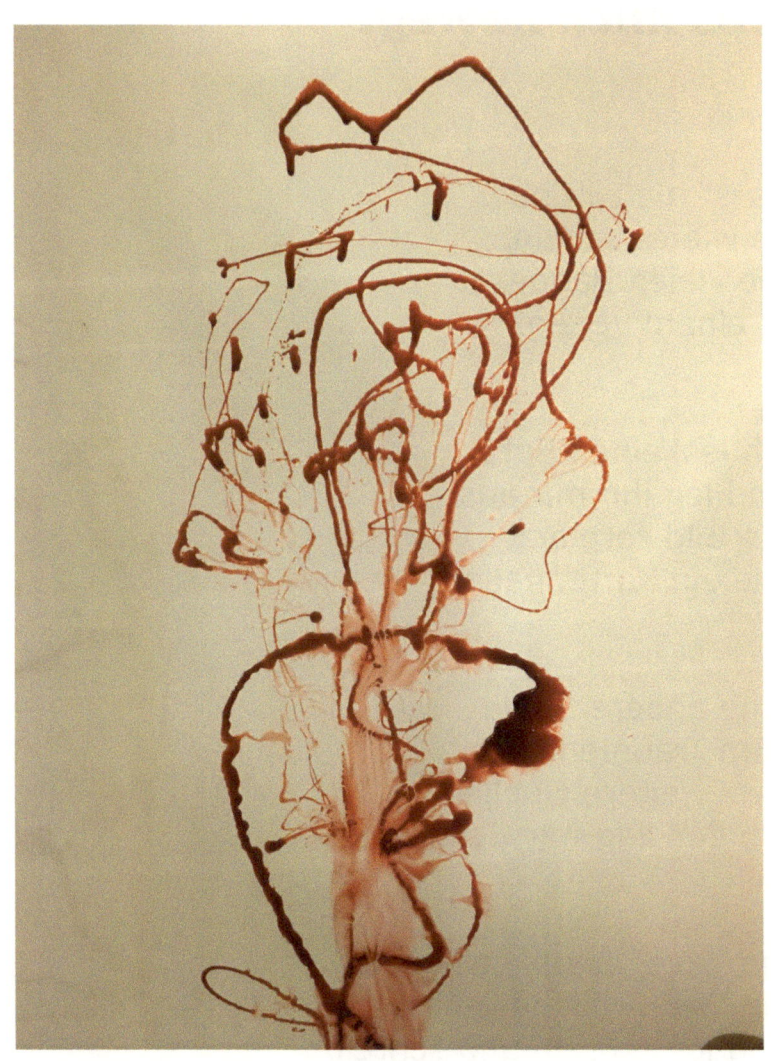

was mich bewegt

es ist nie zu Ende
so wie es scheint
die vielen Bände
in einem vereint

ich les' einen Satz
und leg ihn mir aus
ein Bild zerplatzt
wie ein Kartenhaus

eine andere Stelle
zum Träumen bereit
eine weitere Quelle
gib den Tag mir Geleit

ein Wort, das bleibt
ein Wort, das bewegt
und ich schreib und schreib
und ich spür, dass es lebt

wird es je aufhören
mich zu bewegen
es muss mich stören
gehört mir zum Leben

so viele Gedanken
und so viele Bilder
es gibt keine Schranken
ich muss es nur schildern

ich werde nicht aufhören
solang ich noch kann
lass mich wieder betören
bis, - ja, bis wann?

Gott,

gelobt und gepriesen

in der Schöpfung zu finden

genannt mit tausend Namen

für alles brauchbar

von allen geglaubt

doch ich

ich suche vergebens

Erntedank –
und eine Geschichte aus der guten
alter Zeit

Ich merke an mir, ich komme so langsam in das Alter, in dem ich beginne, meinen Enkeln Geschichten aus meiner „guten alten Zeit" zu erzählen.

Und neulich erst, als einer meiner Enkel mit 10 Jahren darüber stöhnte, was er alles im Haus tun muss, bei wie vielen Dingen er seinen Eltern zu Hand gehen sollte, habe ich eine Geschichte aus meiner eigenen Kindheit ihm erzählt, was von uns damals alles so verlangt wurde.

Und aus der „guten alten Zeit", wurde in meiner Erinnerung eine Zeit der Arbeit und Anstrengung.

Die Geschichte, die ich ihm erzählte, handelte von Gartenarbeit.

Mein Vater wie auch mein Großvater besaßen einen großen Garten.

Und im Frühjahr zurzeit des Säens und des Pflanzen musste ich mit ran.

Mit 9 oder 10 Jahren konnte ich schon fast selbstständig eine „Fuur grave".

Mir ist zwar das hochdeutsche Wort - Furche graben - dafür eingefallen, aber das drückt lange nicht die Härte der Arbeit aus und bleibt auch erklärungsbedürftig, deshalb will ich kurz erzählen, was damit gemeint ist.

Zu Beginn des Beetes wurde ein spatenbreiter Graben ausgehoben und der ausgehobene Mutterboden an das Ende des Beetes aufgeschüttet. In diesem Graben wurde Mist verteilt, Pferde- oder besser noch Hühnermist. Dann begann man die nächste spatenbreite Erde auf diesen Mist umzusetzen, wodurch die erste „Fuur", der erste Graben, wieder zu gemacht wurde und eine neue „Fuur" - Furche - entstand.

Es war eine anstrengende Arbeit. Aber sie lohnte sich, weil im Herbst eine Menge an Gemüse geerntet werden konnte.

Frisch zubereitet oder den Winter über in Erdlöchern gelagert, schmeckte dieses selbstgezogene Gemüse immer ausgezeichnet.

Und beim Essen dachte niemand mehr an die Mühe, die das Ganze von der Aussaat bis zur Ernte gekostet hatte.

Als ich diese Geschichte, natürlich noch eingehender ausgeschmückt, meinem Enkel erzählte, bekam ich von ihm eine Antwort darauf, die mich doch sehr nachdenklich machte.

Er sagte nämlich:

„Aber Opa, konntet ihr das Gemüse denn nicht einfach im Supermarkt kaufen."

Das ist genau der wunde Punkt.

Wofür sollen wir heute am Erntedankfest noch danken. Wir können doch alles, was wir zum Leben brauchen, irgendwo kaufen und mit dem Geld, das wir durch unsere Arbeit verdient haben, bezahlen.

Für uns ist das selbstverständlich.

Doch auch hinter dieser Selbstverständlichkeit steckt irgendwo ein Mensch, der, ob mit der Hand oder durch Maschinen unterstützt, gesät, gepflegt und geerntet hat.

Und hinter dieser Selbstverständlichkeit steckt auch ein Gott, der uns immer wieder eine reiche Ernte schenkt und wenn auch nur indirekt unsere Supermarktregale mit all dem füllt, was unser Herz begehrt.

Also ist so ein Tag schon angebracht, um einmal zu danken.
Und wir sollten es heute tun, indem wir zu seinem Lobpreis und Dank beten und singen.

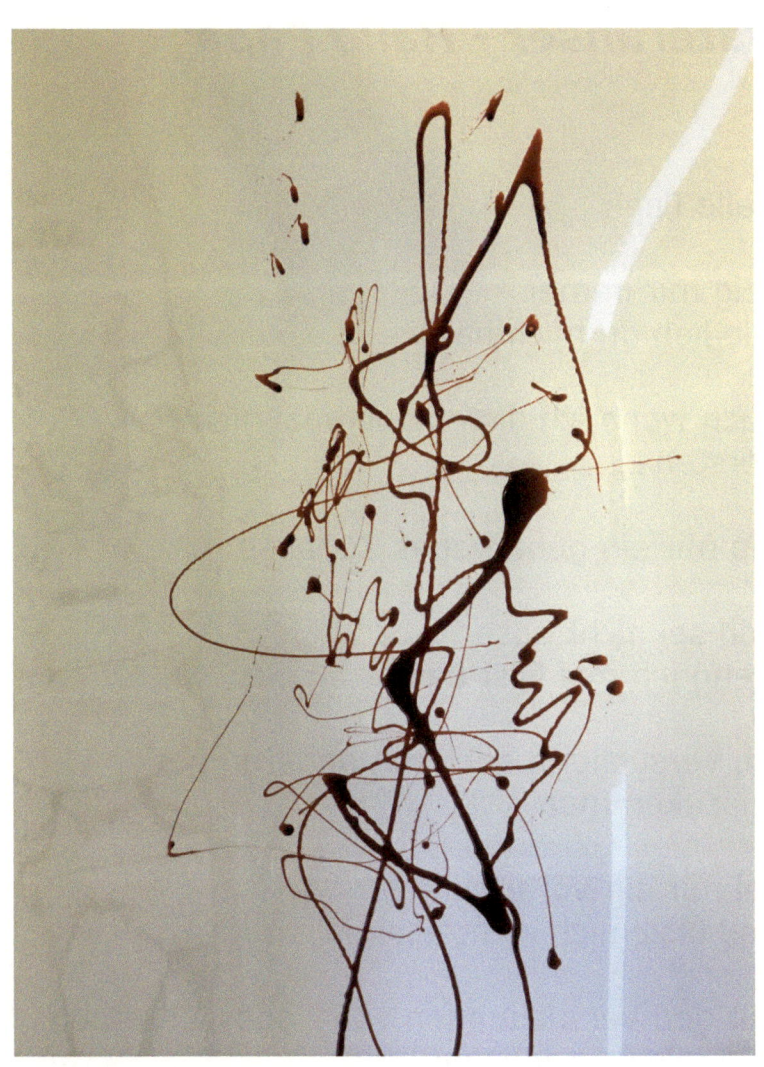

Vaterunser - Hallo Papa

Hallo Papa

zeig mir immer
wie lieb du mich hast

auch wenn ich dich manchmal nicht
verstehe

gib mir ein geborgenes Zuhause

und sei nicht böse
wenn ich mal Mist baue

ich versuche ja auch mit anderen gut
auszukommen

sei mir ein Vorbild
und lass mich nicht allein

mit den Versuchungen von Handy, Internet
und falschen Idealen

zu dir schaue ich auf
weil du schon groß bist

und so viel mehr weißt als ich

du hast die Kraft
die mir noch fehlt

Amen

Gebet

bittet

fleht

dankt und lobt

wendet sich an Gott

doch ohne Antwort

stirbt

Ansprache:

Himmel offen, Stimme und Taube

(Lukas 4,15-22)

In jener Zeit war das Volk voll Erwartung, und alle überlegten im Stillen, ob Johannes nicht vielleicht selbst der Messias sei.
Doch Johannes gab ihnen allen zur Antwort:
Ich taufe euch nur mit Wasser. Es kommt aber einer, der stärker ist als ich, und ich bin es nicht wert, ihm die Schuhe aufzuschnüren.
Er wird euch mit dem Heiligen Geist und mit Feuer taufen.
Zusammen mit dem ganzen Volk ließ auch Jesus sich taufen.
Und während er betete, öffnete sich der Himmel, und der Heilige Geist kam sichtbar in Gestalt einer Taube auf ihn herab, und eine Stimme aus dem Himmel sprach:
Du bist mein geliebter Sohn, an dir habe ich Gefallen gefunden.

Das ist so ein Perikope aus Lukas, wie ich sie liebe:
Kurz, knapp und alles auf den Punkt gebracht.
Ich brauche nicht lange zu überlegen:
Wie meint der Evangelist dies oder das?
Nein!

Auch die Länge stimmt.

Ein paar kurze prägnante Sätze und das wars!

Theoretisch könnte ich meinen Text hiermit beenden.

Wir haben alles Wichtige in diesem Evangelium gehört.

Lesen Sie sich das in Ruhe noch einmal durch.

Und im Übrigen kommt es ja alle paar Jahre wieder.

Doch dann begann ich über das Ganze nachzudenken.

Und!

Mir gingen viele Bilder durch den Kopf und auf einmal war das ganze Evangelium nicht mehr so klar, wie ich eben noch gedacht hatte.

Der erste Satz zum Beispiel:

„In jener Zeit war das Volk voller Erwartung, und alle überlegten im Stillen, ob Johannes nicht vielleicht selbst der Messias sei."

Da hatte der Evangelist Lukas aber etwas falsch verstanden:

Der Messias kommt aus dem Haus Davids und damit aus dem Stamm Juda.
Johannes stammte aus einer Priesterfamilie und Priester konnte nur jemand werden, der aus dem Stamm Levi kam.
Also glaube ich nicht, dass das Volk im Stillen so dumm war, an Johannes als Messias zu glauben.
Und die Antwort des Johannes ist auch keine Antwort auf die ihm gestellte Frage:
„Ich taufe euch nur mit Wasser.
Es kommt aber einer, der stärker ist als ich.
Er wird euch mit dem Heiligen Geist und Feuer taufen."
Alle haben mir immer erzählt, mit dem, der da kommt, sei Jesus gemeint.
Aber Johannes meinte Gott selbst, der stärker ist als er.
Und wenn wir die Lebensgeschichte Jesu sehen, dann hat der auch nie mit Wasser, Feuer oder sonst etwas getauft.
Er hat eigentlich überhaupt nicht getauft.
Also kann Johannes nur Gott selbst gemeint haben.
Dann heißt es:

„Jesus ließ sich taufen, zusammen mit dem ganzen Volk".

Aber das ganze Volk Israel passt an der Stelle am Jordan gar nicht hin.

Es kann sich nur um ein paar Leute gehandelt haben, die üblicherweise an der Furt des Jordan auf die eine oder andere Seite hinüber- bzw. herübersetzten.

Und dann die Stelle mit dem geöffneten Himmel, der Taube und der Stimme.

Ich muss ehrlich sagen, die Stelle ist für mich am wenigsten glaubwürdig.

Die Zuhörer und Zuschauer, die Leute halt, hätten doch kaum ein besseres Zeugnis für Jesus besondere Sendung gehabt, als einen geöffneten Himmel, eine Stimme und den Segen von oben.

Aber, nach der Taufe am Jordan passiert nichts.

Es gibt keine Massenbewegung, die sich Jesus anschließt.

Und was mich noch mehr davon überzeugt, dass da etwas anderes geschehen sein muss, ist, auf Golgotha, bei der Kreuzigung, da bleibt der Himmel zu, da hätte Jesus doch wirklich Zuspruch von oben gebraucht.

Aber da passiert nichts.

Also, was erzählt uns da Lukas heute in diesem kurzen Evangelium von der Taufe Jesu eigentlich.

Zunächst gibt es da die Tatsache, dass Jesus sich wie viele andere Menschen von Johannes im Jordan taufen ließ.

Und da am Jordan muss Jesus seinen Auftrag, seine Sendung gespürt haben.

Da ist ihm zu Bewusstsein gekommen, dass Gott kein ferner Gott ist, sondern ihn wie einen Vater liebt.

Dass Gott Gefallen daran haben wird, wenn er sein „Dasein" - „Gottes Dasein" - in der Welt verkündet.

Und dass er aufzeigen soll, dass wir alle heute schon im Reich Gottes ankommen können, wenn wir es nur wollen.

Da am Jordan damals bei der Taufe des Johannes, fing für Jesus alles an.

Und seine Botschaft unterschied sich von der des Johannes.

Jesus sah Gott nicht als den Richter und Rächer, den Johannes ankündigte für die, die nicht bußfertig waren, sondern als den liebenden Vater, der die Menschen guten Willens in sein Reich Gottes holen wollte.

Und Lukas schreibt das alles für seine Gemeinde mit der ihm eigenen Ausschmückung und Fantasie.

Bildhaft könnte man sagen:

Der geöffnete Himmel, die Stimme und den Heiligen Geist wie eine Taube konnte man sich auch damals besser vorstellen, als einen Jesus, der in seinem Herzen all dies spürte und plötzlich erfasste und dann danach lebte.

Und uns darf nicht mutlos machen, wenn wir hören, was angeblich früher möglich war.

Auch für uns gibt es ja Situationen, dass sich der Himmel öffnet, dass sich der Heilige Geist in uns regt.

Und eins wissen wir ja seit unserer Taufe, dass wir Gottes geliebte Kinder sind.

Ob er Gefallen an uns findet, sollten wir durch unser Leben zeigen.

Und zum Schluss noch etwas:
Damit uns das Wort in den Texten der Bibel
nahe kommt, wie es bei Mose heißt, verges-
sen Sie meinen Anfangssätze von „kurz und
knapp" und „nicht lange überlegen".

Befassen Sie sich bewusst und intensiv mit
dem Wort der Schrift, sonst bleibt es ein-
fach unverständlich und streift uns nur wie
ein Windhauch ohne Wirkung.

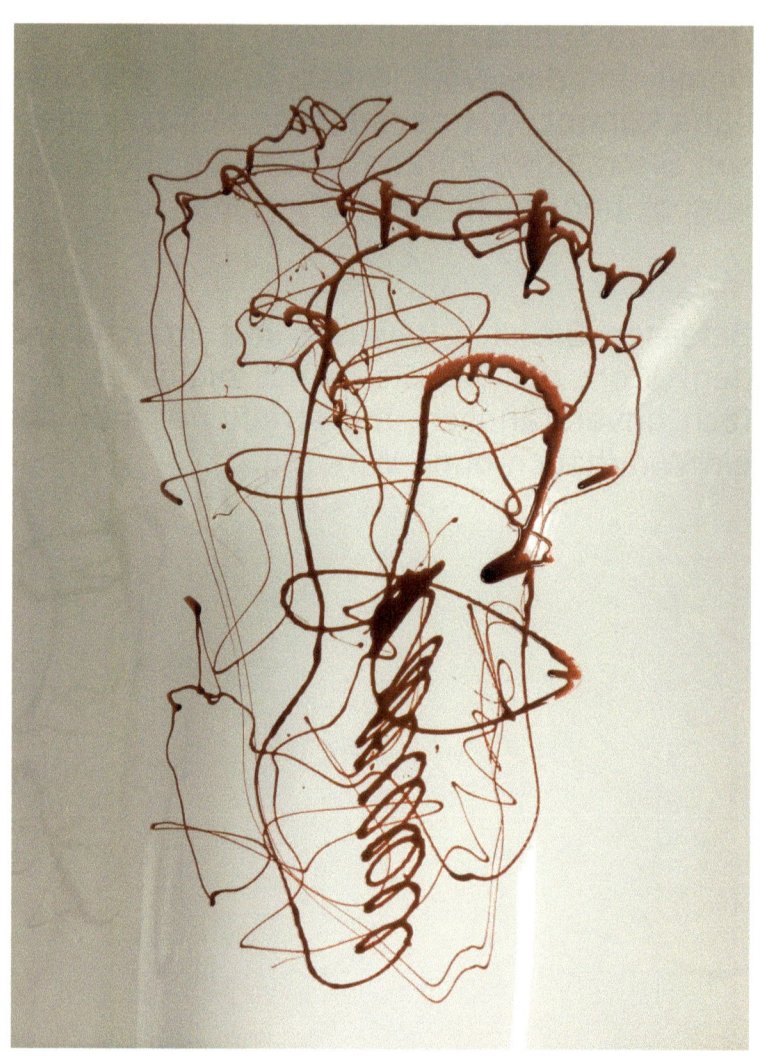

krank

apathisch
die Kissen zerwühlt
die Laken zerknittert
ein bleiches Gesicht im schmutzigen Weiß

gramvoll
die tiefen Augenringe
die schiefen Lippen
ein Händedruck weich wie ein Schwamm

aufreibend
das Selbstmitleid
das dauernde Seufzen
die kaltnasse Stirn mit verklebtem Haar

nervend
das unberührte Essen
die verweigerten Tabletten
die lähmende Gewissheit des Verfalls

hilflos
meine brüchige Anteilnahme
meine erzwungene Fröhlichkeit
warum bin ich nur hier?

Paradies?

der Himmel über mir
in einem strahlenden Blau

die Wellen rauschen - Mal auf Mal -
auf den Strand

der Sand ist weich und feucht
und glitzernd

Möwen kreischen im Wind

ich habe weder Hunger noch Durst

keine Schmerzen und kaum Gedanken

alles ist perfekt
alles ist easy

das Paradies!?

nein!
aber Urlaub

Ansprache:
Elija und der Gott des Lebens
(1 Kön 17,10-16)

Elija machte sich auf und ging nach Sarepta.
Als er an das Stadttor kam, traf er dort eine Witwe,
die Holz auflas. Er bat sie: Bring mir in einem Gefäß
ein wenig Wasser zum Trinken!
Als sie wegging, um es zu holen, rief er ihr nach:
Bring mir auch einen Bissen Brot mit!
Doch sie sagte: So wahr der Herr, dein Gott, lebt:
Ich habe nichts mehr vorrätig als eine Hand voll
Mehl im Topf und ein wenig Öl im Krug. Ich lese hier
ein paar Stücke Holz auf und gehe dann heim, um
für mich und meinen Sohn etwas zuzubereiten.
Das wollen wir noch essen und dann sterben.
Elija entgegnete ihr:
Fürchte dich nicht! Geh heim und tu, was du gesagt
hast. Nur mache zuerst für mich ein kleines Gebäck
und bring es zu mir heraus! Danach kannst du für
dich und deinen Sohn etwas zubereiten; denn so
spricht der Herr, der Gott Israels:
Der Mehltopf wird nicht leer werden und der Ölkrug
nicht versiegen bis zu dem Tag, an dem der Herr
wieder Regen auf den Erdboden sendet.
Sie ging und tat, was Elija gesagt hatte.
So hatte sie mit ihm und ihrem Sohn viele Tage zu
essen.
Der Mehltopf wurde nicht leer und der Ölkrug ver-
siegte nicht, wie der Herr durch Elija versprochen
hatte.

Was ist an dieser Geschichte eigentlich so besonders?
Elija kommt nach Sarepta.
Sarepta liegt außerhalb Israels und
- was noch viel wichtiger ist -
außerhalb der Verehrung JHWHs.
In Sarepta wird der Gott Baal verehrt.
Der große Baal,
Gott des Krieges,
des Donners und der Macht,
aber auch der Fruchtbarkeit.
Und Elija geht nach Sarepta nicht auf Urlaub, sondern er musste fliehen.
In Israel herrschte König Achab und seine Frau Isebel.
Beide sind glühende Verehrer Baals, des kanaanäischen Gottes, und haben versucht die JHWH-Propheten samt und sonders auszurotten.
Nur Elija blieb übrig.
Und Elija hat König Achab eine große Dürre und Hungersnot als Vergeltung JHWHs angekündigt.
Das Land leidet unter der Dürre.

Und Achab sucht Elija, den er für die Misere verantwortlich machen will, um ihn zu töten.
Und der flieht nach Sarepta.
So weit, so gut.
Auch in Sarepta herrscht Dürre und Hunger.
Das scheint Elija aber nicht im Mindesten zu interessieren.
Mit einem Befehlston, der so manche emanzipierte Frau erschaudern lässt, verlangt er von einer ihm völlig fremden Witwe, sie solle ihn verköstigen.
Und die beschwert sich nicht über seinen Ton, sondern sie öffnet ihm die Augen dafür, dass im Machtbereich Baals, des Gottes der Fruchtbarkeit und des neuen Lebens, Hunger herrscht und Tod.
Ja, sie und ihr Kind wollen noch einmal gut essen und dann sterben, weil es nichts mehr zu essen gibt.
Und was sagt Elija dazu:
Fürchte dich nicht!
Als wenn das so einfach wäre, ohne Perspektive auf Leben sich nicht zu fürchten.

Aber er verspricht ihr etwas, und das trifft dann ein:

JHWH, der Gott Israels verspricht ihr, für sie zu sorgen bis wieder Regen auf die Erde fällt und Aussaat und Ernte in einen neuen Lebenszyklus treten.

Was ist so besonders an dieser Geschichte?

Im Todesbereich stellt Elija, den Gott Israels, als den Gott des Lebens hin.

Wer an Gott glaubt und auf ihn vertraut , braucht keine Furcht zu haben.

Unser Gott ist ein Gott des Lebens.

Während die Geschichte damals die Menschen empfindsam dafür machen wollte, dass im Gegensatz zu Baal der Gott Israels das Leben der Menschen will, erzählt sie für uns heute etwas Selbstverständliches, nämlich, dass JHWH nicht unseren Tod will, sondern unser Leben.

Deshalb hat er Jesus in die Welt gesandt, um die unfassbare Liebe Gottes zu den Menschen erfahrbar zu machen. Und indem er Jesus von den Toten auferweckte, zeigt sich seine Macht über den Tod.

Und gleichzeitig ist ist es ein Zeichen für uns, dass wir an das Leben danach glauben, weil - wie Elija schon damals kundtat - JHWH ein Gott des Lebens ist.
Und deshalb auch heute das:
Fürchtet euch nicht!

Schöpfung

vor vielen Jahren

nahm Gott „adama", die Ackererde

und schuf „adam", einen Erdling

später

nahm „adam", ein Mensch

die „adama", die Erde

und schuf sich darauf

„elohim", viele Götter

37

Himmel

so hoch

so weit

Thron Gottes

voller Engel

und ich sehe hinauf

da

nur Wolken

Lieber Gott,
schon wieder eine Konferenz,
Besprechung,
Gesprächsrunde,
Palaver.
Ja, ich weiß,
es ist wichtig miteinander zu reden,
miteinander im Gespräch zu bleiben,
miteinander Probleme zu lösen.
Vielleicht liegt es ja auch nur an meiner Ungeduld,
an meinem beschränkten Wissen über vernetzte Zusammenhänge.
Oder vielleicht daran,
dass der eine oder die andere mir nicht ganz so sympathisch ist.
Ich denke da an die Wichtigtuer,
die immer ihren Auftritt haben.
Ich denke an die Langweiler,
deren Beiträge ich manchmal abwürgen möchte und die Person gleich mit.
Dann denke ich an die Schwätzer,
die zu allem etwas zu sagen haben
und wenn es noch so banal und inhaltsleer ist.
Auch denke ich an die ständigen Wiederholer und die Zusammenfasser, die nur einfach das Gesagte mit anderen Worten darstellen

müssen und deren Zusammenfassung meistens ein eigener ausführlicher Vortrag wird.
Lieber Gott,
schenk mir Geduld und Ausdauer und ein klein wenig Demut.
Lass nicht über das Fehlverhalten der anderen mich aufregen oder wütend werden.
Lass mich in den anderen den sehen, der es bestimmt gut meint und der genauso ernst genommen werden will wie ich selber.
Vielleicht sehen mich die anderen ja auch mit einer ganz bestimmten Brille und stecken mich in eine passende Kategorie.
Schenk mir die Geduld eines Sisyphus, auch wenn das kein Heiliger ist.
Und wenn es denn heute nicht so klappt, wie ich es mir vorstelle, dann kreide mir dieses Scheitern nicht an.

Bei der nächsten Besprechung,
Konferenz,
Gesprächsrunde,
Palaver
werde ich es erneut versuchen.
Und vielleicht gelingt es mir dann.
Inschallah!

göttliche Ohnmacht

Donner, Blitz und Hagel bei Nacht,
ich lag da und hab nur gedacht,
was ist es, das mich so ängstlich macht.

Ich möchte mich schnellstens tief
verstecken,
tief unter der Erde in warmen Ecken,
wo mich kein Etwas kann jemals entdecken.

Sind es nur die Naturgewalten,
die vor mir ihre Macht entfalten,
die mich lassen den Atem anhalten.

Ist es nicht auch der Gedanke an Tod,
der so düster wie dunkelstes Abendrot,
mir mit seiner gewaltigen Allmacht droht.

Der Gott in mir wird plötzlich ganz klein,
ich spür irgendwo, das muss es sein,
das mir unendlich kalt kriecht durch das
Gebein.

Der Gedanken an die Grenzen meiner
Macht,
der bei Donner und Blitz in einer einzigen
Nacht,
zur Ohnmacht mein Gottsein hat gebracht.

Doch am nächsten Morgen bei
Sonnenschein,
wird meine Größe wieder vorhanden sein,
und dieses Erkennen von Schwäche nur
Pein.

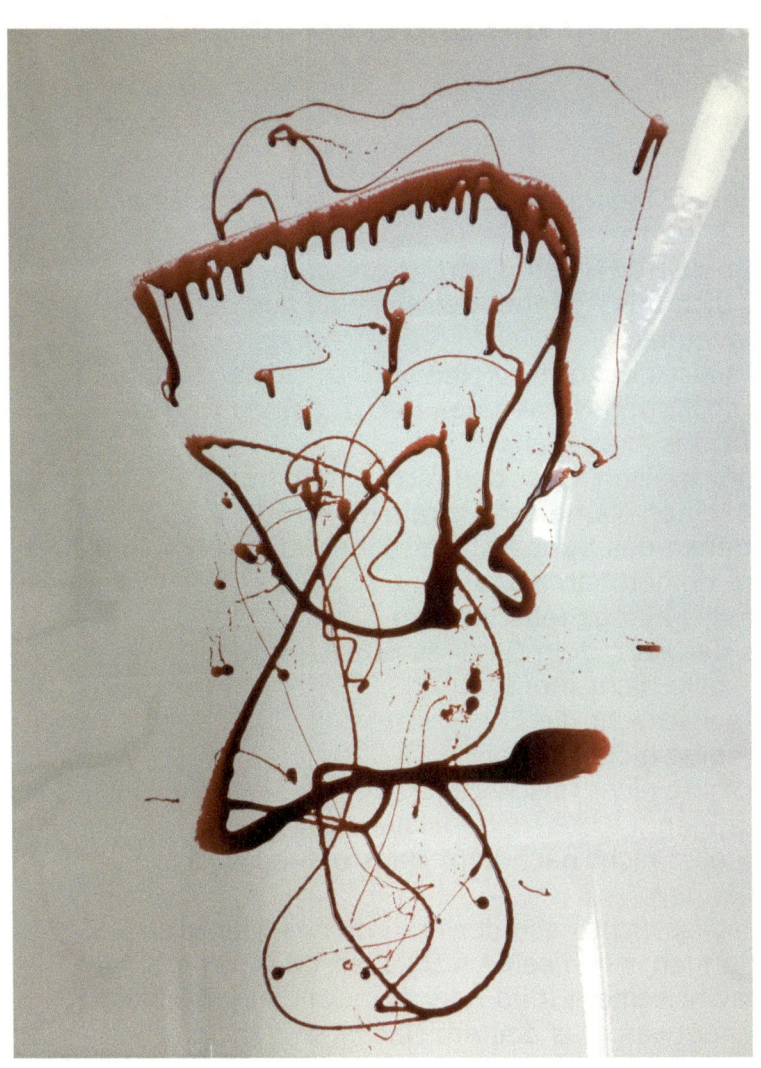

Ansprache:

immer sind die anderen schuld
(Exodus 20)

In jenen Tagen sprach Gott auf dem Berg Sinai alle
diese Worte:
Ich bin JHWH, dein Gott,
der dich aus Ägypten geführt hat, aus dem
Sklavenhaus.
Du sollst neben mir keine andern Götter haben.
Du sollst den Namen des Herrn, deines Gottes,
nicht missbrauchen;
denn der Herr lässt den nicht ungestraft,
der seinen Namen missbraucht.
Gedenke des Sabbats: Halte ihn heilig!
Ehre deinen Vater und deine Mutter,
damit du lange lebst in dem Land,
das der Herr, dein Gott, dir gibt.
Du sollst nicht morden.
Du sollst nicht die Ehe brechen.
Du sollst nicht stehlen.
Du sollst nicht falsch gegen deinen Nächsten
aussagen.
Du sollst nicht nach dem Haus deines Nächsten
verlangen.
Du sollst nicht nach der Frau deines Nächsten
verlangen, nach seinem Sklaven oder seiner
Sklavin, seinem Rind oder seinem Esel oder nach
irgendetwas, das deinem Nächsten gehört.

Gebote und Verbote haben die Menschen zu allen Zeiten aufgeregt und zu Diskussionen geführt.

Das ist nicht erst seit den 10 Geboten so, sondern auch noch heute.

Nehmen Sie doch die Diskussion um eine Corona-Impfpflicht.

Auf der einen Seite die Befürworter, die behaupten, dass Corona eine Menge Menschen krank mache, und für den Tod von vielen Menschen verantwortlich ist.

Auf der anderen Seite die Beschwichtiger, die das Ganze als Panikmache abtun und mit halbherzigen Lösungen aufwarten.

Und dazwischen eine Menge Menschen, die betroffen sind.

Sei es, dass sie durch Corona krank werden, sei es, dass sie durch Look-Down oder andere Einschränkungen ihre Existenzgrundlage verlieren oder ihre Freiheit in Gefahr sehen.

In Deutschland gibt es eine riesige Menge von Geboten und Verboten, so dass ein normaler Durchschnittsbürger da nicht mehr durchblickt und man teure Anwaltskanzleien braucht, um seine Rechte und Pflichten klar zu machen.

In der Perikope aus Exodus hören wir, dass das vor Urzeiten anders war.

Das gab es nur 10 Gebote.

Warum 10 und nicht 9 oder 11?

Ganz einfach.

Die Mehrzahl der Menschen damals, die einfachen Leute, konnten weder lesen noch schreiben.

Trotzdem galt es, dass sie die Gebote, die es gab, kannten und nicht vergaßen.

Also führte man alles auf 10 zusammen, nämlich für jeden Finger an den Händen ein Gebot.

Man konnte die Gebote an den Fingern abzählen, was im Wesentlichen dazu beitrug, dass man sie auch behielt.

Und manches Gebot scheint uns heute überholt oder veraltet.

Zum Beispiel das Gebot, du sollst Vater und Mutter ehren.

Als dieses Gebot entstand, gab es kein staatliches Sozialsystem mit Renten und Pflegeversicherung, um alte Menschen zu versorgen.

Die Kinder waren dafür verantwortlich.

Eigentlich selbstverständlich.

Doch selbst heute ist dieses Gebot mehr als sinnvoll.

Wie viele Menschen leben in Altersarmut?

Wie viele Menschen kommen mit ihrer Rente und ihrem Einkommen nicht aus?

Wie viele Menschen werden im Alter zum Pflegefall?

Und die Kinder lehnen sich zurück und verweisen auf den Sozialstaat.

Soll der sich doch darum kümmern.

Nein, die Bibel sagt:

Du sollst Vater und Mutter ehren.

Das bedeutet aber, dass wir unseren Eltern auch dann, wenn sie es selbst nicht mehr können, ein menschenwürdiges Leben gewährleisten.

Mir ist in diesem Zusammenhang noch etwas anderes aufgefallen.

Niemand ist schuld!

Ein uraltes Prinzip.

Die Kinder sind nicht schuld, wenn es ihren Eltern schlecht geht, sondern schieben das auf die asoziale Gesetzgebung und die Gesellschaft.

Die Autoindustrie ist nicht schuld, dass ihre Diesel soviel Dreck ausstoßen, sondern schieben das ab auf die Autofahrer, die die Zeche bezahlen sollen.

Eva war nicht schuld, dass sie von der verbotenen Frucht gegessen hat, sondern schiebt das auf die Schlange.

Jeder wälzt ab, jeder schiebt es auf den anderen.

Deshalb ist unsere Bibel, unser AT noch heute hochmodern. Sie zeigt Mechanismen auf, die es schon zu Urzeit gab und heute noch gibt.

Und sie bezeichnet das als Sünde.

Die Sünde, sagt die Bibel, gibt es schon seit Erschaffung der Welt, weil jeder sein eigenes Versagen auf jemand anderes schiebt.

Keiner will es gewesen sein.

Und die Bibel sagt noch etwas:

Gott sieht dieses Abschieben von Schuld nicht als Kavaliersdelikt an.

Gott geht seit Urzeiten nicht einfach so darüber hinweg.

Wegen dieser Sünde haben wir Menschen das Paradies und Gottes Gegenwart verloren.

Die 10 Gebote waren dafür gedacht, einfachen Menschen die grundlegenden Verhaltensregeln wortwörtlich an die Hand zu geben.

Und Jesus fasste diese Gebote und noch viele mehr auf einen gemeinsamen Nenner zusammen, indem er sagte:

Gottesliebe ist das erste und wichtigste Gebot und diesem gleich ist das Gebot der Nächstenliebe.

Versuchen wir doch diese beiden Gebote für uns ernst zu nehmen und sie zu leben.

Dazu brauchen wir keine Auslegung und keine Anwälte.

Aber dazu brauchen wir Mut, denn es ist nicht so einfach, einmal zuzugeben, dass man Mist gebaut hat und dafür einzustehen.

Wobei das ein erster Schritt wieder in Richtung Paradies wäre.

Vater

meiner

deiner

in den Himmeln

ich will nicht weniger

als leben

Gott

Was ist das „Gott"?
Gott ist für mich wie ......
Ja wie?
Es gibt so viele Beschreibungen:
der liebe Gott,
der allmächtige Gott,
der heilige Gott,
der zürnende Gott,
und, und, und.
Im Islam werden die 99 Namen Gottes
angerufen.
Und wenn es noch einen 100. Namen gibt?
Und genau der wäre der Richtige?
Auch die Bibel kennt so viele
Beschreibungen Gottes:
als Hirte,
als Fels,
als Krieger usw.
nicht zu vergessen:
als Tiermutter,
als Gebärende.
Zwei Bilder haben mich schon immer
fasziniert:
Der brennende Dornbusch
und Gott als der „ich bin, der ich bin".

Unverbindlicher konnte Gott wohl nicht sein.
Wann ist er mir?
Und als was wird er mir sein?
Unverbindlich und vielleicht immer
zutreffend?
Das andere Bild:
Gott weiblich und männlich.
Zwei Steinmale in Arad in Israel,
stellvertretend für Gott.
JHWH in seiner weiblichen und männlich
Form.
Vielleicht ist ja das männliche Gottesbild nur
halb?
Irgendwo las ich:
„Gott ist anders, als du denkst!"
und
„Du, Gott, wer bist du?"
Die ewige Frage?
Unbeantwortet bleibt Gott immer rätselhaft,
nicht greifbar.
Gott
– für mich ein Tag in der Stille der Wüste
des Wadi Rums.

Gott
– für mich wie das Lächeln einer Frau, die
meinen Wagen stoppt, damit eine Gruppe
Kinder die Straße überqueren kann.
Gott
– für mich wie ein Rotkehlchen, dass ohne
Scheu vor mir auf dem Terrassentisch hüpft.
Gott
– für mich wie eine Amaryllis,
die langsam ihre blutroten Blätter zur vollen
Pracht entfaltet.
Gott
– für mich immer unerwartet in der
Begegnung mit Menschen.

Gott,
immer anders,
nie vorhersehbar,
immer gegenwärtig,
nie festzuhalten.

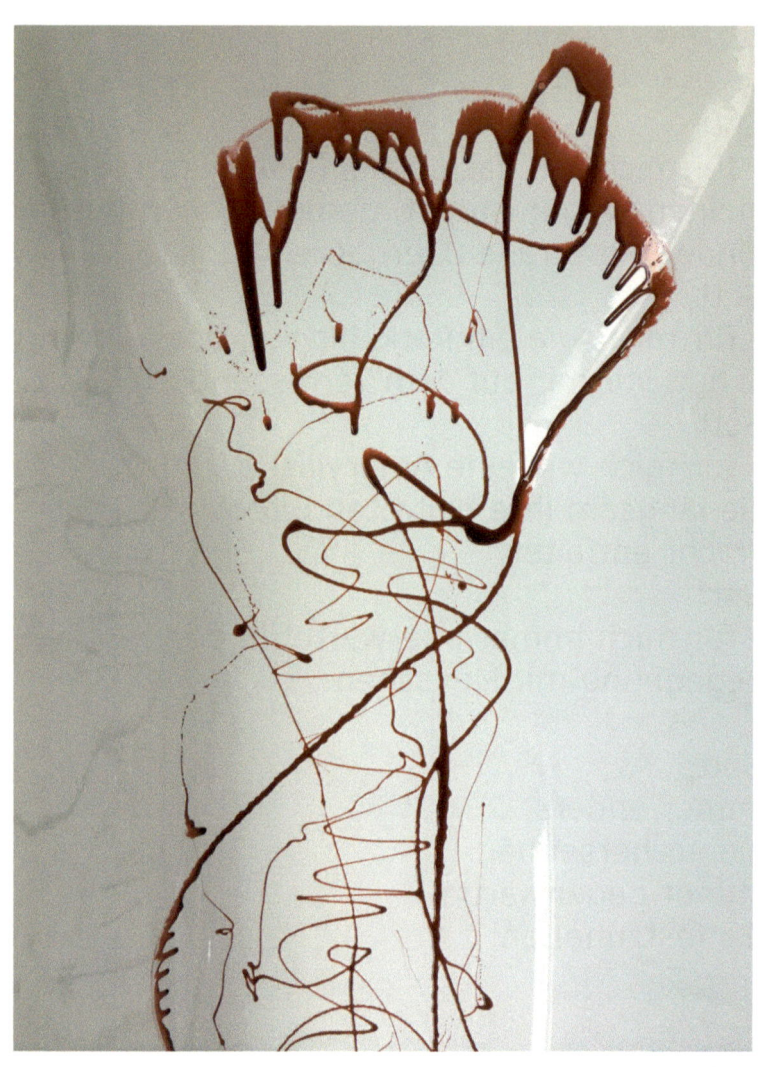

Ansprache:

murren

(Ex 16,2-4.12-15)

Die ganze Gemeinde der Israeliten murrte in der Wüste gegen Mose und Aaron.
Die Israeliten sagten zu ihnen:
Wären wir doch in Ägypten durch die Hand des Herrn gestorben, als wir an den Fleischtöpfen saßen und Brot genug zu essen hatten. Ihr habt uns nur deshalb in diese Wüste geführt, um alle, die hier versammelt sind, an Hunger sterben zu lassen.
4Da sprach der Herr zu Mose:
Ich will euch Brot vom Himmel regnen lassen.
Das Volk soll hinausgehen, um seinen täglichen Bedarf zu sammeln. Ich will es prüfen, ob es nach meiner Weisung lebt oder nicht. Ich habe das Murren der Israeliten gehört. Sag ihnen:
Am Abend werdet ihr Fleisch zu essen haben, am Morgen werdet ihr satt sein von Brot und ihr werdet erkennen, dass ich der Herr, euer Gott, bin.
Am Abend kamen die Wachteln und bedeckten das Lager. Am Morgen lag eine Schicht von Tau rings um das Lager.
Als sich die Tauschicht gehoben hatte, lag auf dem Wüstenboden etwas Feines, Knuspriges, fein wie Reif, auf der Erde.
Als das die Israeliten sahen, sagten sie zueinander:
Was ist das? Denn sie wussten nicht, was es war.
Da sagte Mose zu ihnen:
Das ist das Brot, das der Herr euch zu essen gibt.

Warum hören wir in unseren Gottesdiensten immer wieder auch Texte aus dem Alten Testament?

Nur um nachher das Evangelium als Erfüllung der alten Verheißungen besser verstehen zu können?

Oder kommt den Texten aus dem Alten Testament nicht doch ein besonderer Eigenwert zu!

Nehmen wir als Beispiel die heutige Erzählung aus dem zweiten Buch des Alten Testaments, dem Buch „Exodus".

War wir da gehört haben, steht im direkten Zusammenhang zu der großen Heilserfahrung in der Geschichte des Volkes Israel.

Auf Gottes Geheiß mit Zeichen, Wundern und Plagen und unter der Führung des Mose ist das Volk Israel aus der Sklaverei in Ägypten in die Freiheit gelangt.

Jetzt sind sie auf dem Weg in das Gelobte Land, das Gott Abraham, Isaak und Jakob verheißen hat, und das von Milch und Honig fließen soll.

Sie sind auf dem Weg sozusagen von der Sklaverei in Ägypten in ein Land Kanaan, das für sie wie ein Paradies erscheinen muss.

Die Freude darüber müsste riesengroß sein!

Der Jubel über diesen fantastischen Gott ohne Grenzen!

Aber statt dessen…..

Die Israeliten murren!

Murren!

Ich glaube, außerhalb der Bibel wird diese Wort „murren" nur noch selten beziehungsweise gar nicht mehr benutzt.

In der alten Luther-Übersetzung von 1911 finden wir es genauso wie jetzt in der neuen revidierten Einheitsübersetzung von 2016.

Das Volk Israel murrte gegen Mose und auch gegen Gott.

Vielleicht würden wir heute sagen:

sie meckerten, beklagten sich, führten Beschwerde, stänkerten oder waren unzufrieden.

Gerade aus der Sklaverei befreit, endlich in Freiheit, murrten sie.

An Stelle der Fleischtöpfe und der Versorgung mit ausreichend Brot in Ägypten, sitzen sie in der Wüste. Und anstatt einer verheißungsvollen Zukunft sehen sie sich und ihre Kinder schon verhungert und tot.

Und damit geht der Knatsch los.

Keiner von denen scheint nach all dem, was Gott in Ägypten für sie getan hat, so viel Vertrauen in diesen Gott zu haben, dass er weiß, Gott wird sich schon etwas einfallen lassen.

Nein, sie murren!

Ich kann die Szene mit diesem weinerlichen Haufen direkt vor mir sehen.

Was hat nun diese Geschichte aus der Frühzeit Israels, die das Buch Exodus uns hier schildert, heute hier und in der Kirche mit uns zu tun?

Ich kann mir nicht helfen, aber wenn ich so Nachrichten oder Talk-Runden oder politische und gesellschaftliche Kommentare im Fernsehen mir anschaue oder mit anderen Leute rede, hab ich das Gefühl überall wird geklagt, gemurrt.

Kaum jemand, der mal von sich und seinem Leben sagt: „ich bin zufrieden"!

Meist kommt, wenn schon von Zufriedenheit die Rede ist, davor dieses hässliche Unwort.

„Eigentlich"!

„Eigentlich bin ich zufrieden"!

Schon erwartet man, dass darauf sofort ein „aber" folgt.

Gott hat den Israeliten als Antwort auf ihr Murren „Manna" Brot vom Himmel gegeben. Und für ihren Fleischhunger kamen Wachteln in Mengen.

Und heute?

Was erwarten wir von Gott heute?

Dass er die Renten und Löhne anhebt?

Dass er überall, wo Krieg herrscht, mit einem Eingreifen den großen Schalom, den Frieden herstellt?

Dass er unseren Fleischbedarf und unsere Tierhaltung reglementiert?

In Deutschland gibt es ungezählte Brotsorten.

Und dann heißt es für uns Christen am Wochenende im Gottesdienst: „das Brot des Leben".

Denken wir überhaupt noch darüber nach, dass dies nicht nur eine weitere Variation im Brotangebot ist.

Das Brot des Leben im Gottesdienst soll Gemeinschaft stiften.

Es soll uns untereinander und mit Gott verbinden.

Es ist das moderne „Manna", das unseren Hunger nach Leben stillen soll.

Aber anscheinend reicht das heute nicht, sonst wären unsere Kirchen nicht so leer.

Trotzdem sollten wir uns vornehmen, weniger zu murren und vielmehr auf Gottes Allmacht und Barmherzigkeit vertrauen.

Dann werden wir bestimmt zufriedener.

Und es ist immer Zeit, damit anzufangen.

nochmal Psalm 23

neulich

bei einem Spaziergang

sah ich einen Hirten

und plötzlich sehnte ich mich

nach einem Ruheplatz

und jemanden

der mir zurückbringt

die Weite meines Atems

und mir fiel Gott ein

um mich zu trösten

um mir den Tisch zu decken

im Angesicht von Chaos um mich
herum

Gott

der mich herausführt

aus Depression

und Todesangst

der Hirte brach auf mit seinen
Schafen

und auch ich kehrte heim

in Gottes Namen

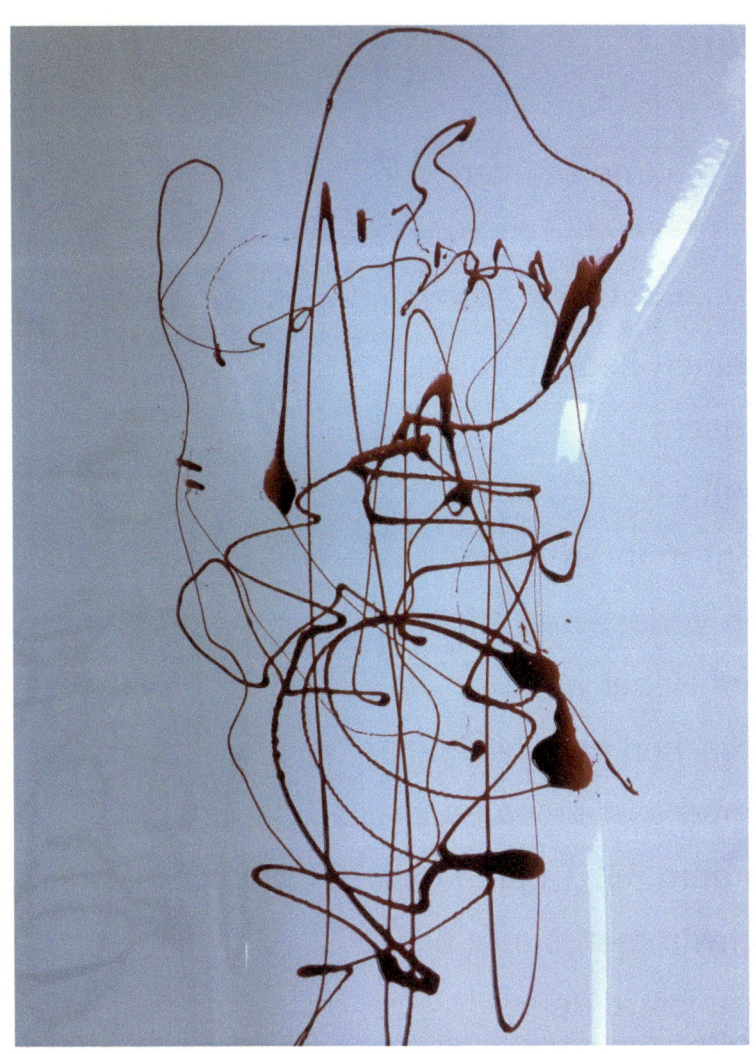

Herbst

die Bäume seufzen

den fallenden Blättern nach

sie lassen ihre Zweige hängen

weinen Regentropfen

einsam

kahl

liegt in ihren Armen

ein verlassenes Nest

und Nebel wandert

zwischen den Zweigen

hinterlässt einen feuchten Schimmer

in dem mit Tropfen gespickten Bach

schwimmen bunte Blätter

ihre letzte Reise

glucksend

platschen Fische dazwischen auf

und Nebel deckt alles zu

mit einer grauen Decke

die Felder sind schwarz

schwarz die Krähen

ihre Federn zerzaust

glänzen feucht

ihr Gekrächze schallt unheimlich

über abgeerntete Flächen

und der Nebel gibt ihnen Aussehen

wie schwarze Erdklumpen

in der Stadt

gehen kalt die Menschen

wie Pilze die Schirme

im Lichtermeer der Reklame

große Pfützen spiegeln

nackte, kahle Hauswände

und der Nebel

hüllt Garagen um die Autos

Laternen ohne Schein

Menschen ohne Lachen

Wolken ohne Himmel

feucht und dunkel

Herbst

als es nacht wurde

dunkel und finster

und der schmerz war da

tief und groß

und das hoffen begann

auf das morgen

hell und licht

und es kam

nach endlosen gebeten

doch nichts war wie vorher

Vorschriften sind einfach nur lästig
(Dtn 4,1-2.6-8)

Mose sprach zum Volk:
Israel, höre die Gesetze und Rechtsvorschriften, die ich euch zu halten lehre.
Hört, und ihr werdet leben, ihr werdet in das Land, das der Herr, der Gott eurer Väter, euch gibt, hineinziehen und es in Besitz nehmen.
Ihr sollt dem Wortlaut dessen, worauf ich euch verpflichte, nichts hinzufügen und nichts davon wegnehmen; ihr sollt auf die Gebote des Herrn, eures Gottes, achten, auf die ich euch verpflichte.
Ihr sollt auf sie achten und sollt sie halten.
Denn darin bestehen eure Weisheit und eure Bildung in den Augen der Völker.
Wenn sie dieses Gesetzeswerk kennen lernen, müssen sie sagen:
In der Tat, diese große Nation ist ein weises und gebildetes Volk.
Denn welche große Nation hätte Götter, die ihr so nah sind, wie Jahwe, unser Gott, uns nah ist, wo immer wir ihn anrufen?
Oder welche große Nation besäße Gesetze und Rechtsvorschriften, die so gerecht sind wie alles in dieser Weisung, die ich euch heute vorlege?

Manche Vorschriften, die uns von Staat, Kirche oder Gesellschaft gemacht sind, sind einfach nur lästig.

Aber das Schlimme ist, sie machen auch Sinn:
Nehmen wir einfach das Beispiel aus dem heutigen Evangelium:
Als Kinder bekamen wir schon eingeprägt, dass vor dem Essen, die Hände zu waschen seien.
Und bei Bekannten, die auch kleine Kinder hatten, las ich über der Toilette den Spruch:
„Nach dem Klo und vor dem Essen, Händewaschen nicht vergessen!"
Wie wichtig „reine Hände" und regelmäßiges Waschen sind, haben wir während der Corona-Zeit verinnerlicht.
Trotzdem,
so manche Vorschriften sind doch einfach lästig.
Wir tun sie gezwungenermaßen.
Oder aber wir scheuen ein Ordnungsgeld oder sogar eine Bestrafung, wenn wir die eine Verordnung oder das andere Gesetz nicht befolgen.
So meinen manche, dass die ganzen Gesetze und Vorschriften uns nur in unserer Freiheit einschränken.
Andere finden, es gibt nicht davon genug,

weil es immer noch Lebensbereiche gibt, die nicht gesetzlich irgendwie geregelt sind.

Und dann heißt es in der heutigen Lesung aus dem Buch Deuteronomium, dass die Weisheit und Bildung des alten Israel in ihr von Gott gegebenes Gesetzeswerk besteht, um das alle Völker sie beneiden.

Dabei stehen gerade mal 613 Ge- und Verbot in der Bibel.

Wie viel großartiger müsste die Welt uns Deutsche ansehen, da wir eine Masse von Gesetzen, Verordnungen und Vorschriften haben.

Aber anstatt stolz darauf zu sein, finden wir so manches einfach nur lästig.

Jahr für Jahr kommen weitere Regelungen hinzu.

Da hieß es vor einiger Zeit, dass eine bestimmte Gruppierung verpflichtend einen fleischfreien Tag gesetzlich einführen wollte.

Der Proteststurm war groß.

In einer Reportage im Fernsehen zeigte eine Familie, wie viele Putzmittel sie benötigt, um ihr Haus nicht nur sauber, sondern rein zu bekommen.

Auf den Hinweis, dass zu viel Putzmittel die Umwelt belasten, gar schädigen, kam die lapidare Antwort:
„Die sind aber doch nicht verboten."
Vor nicht allzu langer Zeit haben wir mit offiziellen Festakten unser Grundgesetz gefeiert. Und darauf können wir ja auch stolz sein, da uns die ein oder andere Nation um so etwas beneidet.
Und doch gibt es Menschen, die gegen dieses Grundgesetz durch ihre Gesinnung angehen.
Menschen, die eigene Gesetze und eine eigene Werteordnung wollen, die allen christlichen Werten widersprechen. Die wie die Pharisäer heute im Evangelium wollen, dass wir mit sauberen Fingern essen, aber das möglichst rein unter uns Deutschen.
Bei manchen Äußerungen, die uns heute in Politik und Gesellschaft begegnen, treffen die Worte aus dem Evangelium von heute ins Schwarze und ich wiederhole sie gerne:

„Nichts, was von außen in den Menschen hinein kommt, kann ihn unrein machen, sondern was aus dem Menschen heraus- kommt, das macht ihn unrein.

Denn von innen, aus dem Herzen der Men- schen, kommen die bösen Gedanken: Diebstahl, Mord, Habgier, Bosheit, Hinterlist, Ausschweifung, Neid, Verleumdung.

All dieses Böse kommt von innen und macht den Menschen unrein.

Sauberer als sauber geht nicht und reiner als rein geht auch nicht.

Bei jungen Leuten hört man öfters den Ab- schiedsgruß:

„Bleib sauber!"

Das hat weniger mit körperlicher Hygiene zu tun, als mit der Reinheit der Person, der Reinheit des Herzens.

Vielleicht ist das sehr kurz ausgedrückt auch das, was uns Jesus heute mit in den Alltag geben will: „Bleibt sauber!"

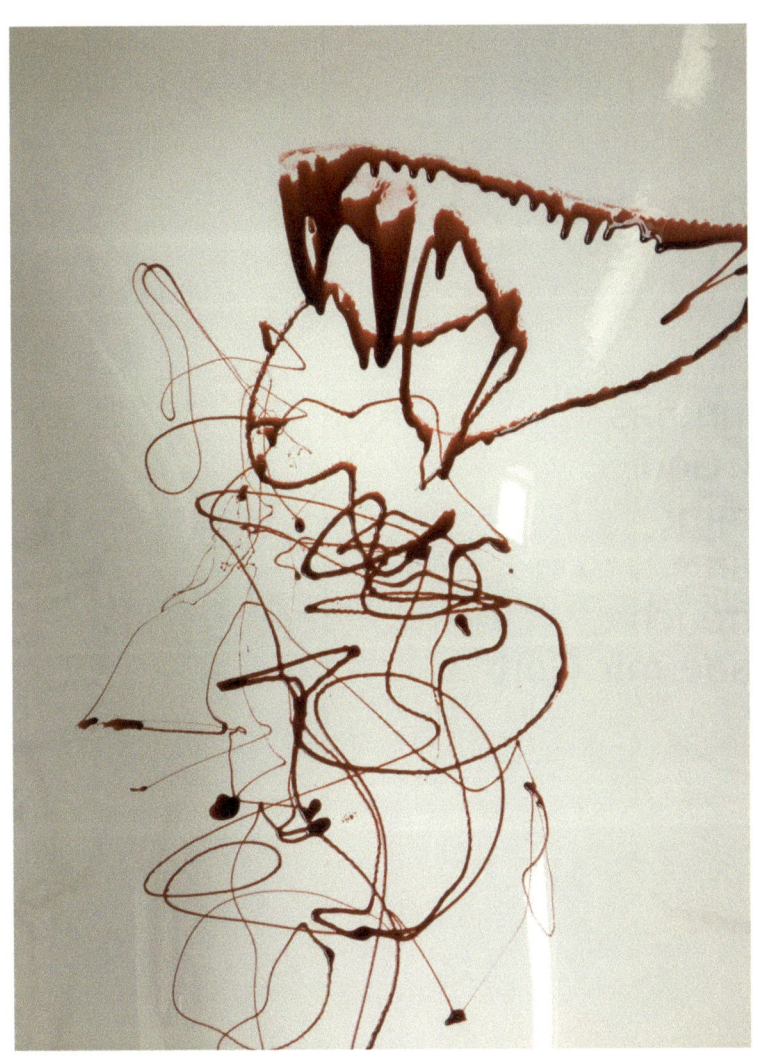

ich hoffe

wenn das
mit Gott
stimmt
dann
hoffe ich
gnade mir Gott

Windhauch

Du bist sechzig Jahr,
denkst an, was all war
bist satt und gesund
und doch unscheinbar
lebst im Zustand großer Langeweile
und siehst keinen Ausweg hier

Blickst so oft zurück,
was du nanntest Glück
ist fade und schal
und es schmeckt dir nicht
plötzlich kriselt es in deinem Leben
du bist weder Fleisch noch Fisch

Was du hast erreicht,
plötzlich nicht mehr reicht
auch Frauen und Kinder
sind dir jetzt gleich
Auto, Haus und deinen guten Job
hältst du für den großen Flop

Dieses Windhauch zu nennen
musste Kohelet bekennen
und es ist unverändert
in dem tausende von Jahren alten
Luftgespinst

Glück ist niemals dort,
sondern immer fort
es meidet dich,
drängt von Ort zu Ort
doch denk nach,
Glück ist nur einfach das
was dir Gott gegeben hat

Sei nicht traurig Mann,
fang nichts Neues an
glaub einfach dem Leben und denk daran
Gott gibt jeden seinen Anteil Glücklichsein
und verlangt es nicht zurück

Ansprache:
die Kirche in Kana
(Johannes 2,1-11)

Am dritten Tag fand in Kana in Galiläa eine Hochzeit
statt, und die Mutter Jesu war dabei.
Auch Jesus und seine Jünger waren zur Hochzeit
eingeladen.
Als der Wein ausging, sagte die Mutter Jesu zu ihm:
Sie haben keinen Wein mehr.
Jesus erwiderte ihr: Was willst du von mir, Frau?
Meine Stunde ist noch nicht gekommen.
Seine Mutter sagte zu den Dienern:
Was er euch sagt, das tut!
Es standen dort sechs steinerne Wasserkrüge, wie
es der Reinigungsvorschrift der Juden entsprach;
jeder fasste ungefähr hundert Liter.
Jesus sagte zu den Dienern: Füllt die Krüge mit
Wasser! Und sie füllten sie bis zum Rand.
Er sagte zu ihnen: Schöpft jetzt, und bringt es dem,
der für das Festmahl verantwortlich ist.
Sie brachten es ihm.
Er kostete das Wasser, das zu Wein geworden war.
Er wusste nicht, woher der Wein kam; die Diener
aber, die das Wasser geschöpft hatten, wussten es.
Da ließ er den Bräutigam rufen und sagte zu ihm:
Jeder setzt zuerst den guten Wein vor und erst,
wenn die Gäste zu viel getrunken haben, den weni-
ger guten. Du jedoch hast den guten Wein bis jetzt
zurückgehalten.
So tat Jesus sein erstes Zeichen, in Kana in Galiläa,
und offenbarte seine Herrlichkeit, und seine Jünger
glaubten an ihn.

Bei einer Israelreise habe ich mit meiner Reisegruppe auch das Örtchen Kana besucht.

Wirklich ein Miniort.

Aber mitten drin, zwischen all den arabischen Häusern, die alle unfertig aussehen, weil aus den Flachdächern immer Monier-Eisen für die nächste Etage herauswachsen, mitten drin eine kleine Kirche.

Vielleicht ist schnuckelig der falsche Ausdruck für diese Kirche, aber sie war klein, und trotzdem wirkte sie groß und mächtig zwischen all den einstöckigen Flachbauten.

Innen drin war sie schlicht und doch geschmackvoll, aber nicht überladen.

Ich bin ja ganz speziell, was so Kirchen angeht. Es gibt welche, die sich Dom oder Basilika nennen, die sind dermaßen ausgeschmückt und überladen, dass sie mich eher an Kunstwerke oder Museen erinnern als an ein Gotteshaus.

Auf der anderen Seite sind da die fast unscheinbaren Kirchen, die mich, sobald ich sie betreten habe, gefangen nehmen.

Sie sind schlicht, fast kahl, haben aber eine eigenartige Wirkung von Heiligkeit und eine besondere Atmosphäre.

Die Kirche in Kana war so ein Zwischending. Für so eine kleine Kirche, war sie fast schon zu üppig innen ausgeschmückt.

Auf der anderen Seite hatte das Ganze auch eine interessante Note.

Kurz und gut, ich fand die kleine Kirche von Kana ganz ansprechend.

Die wesentlich interessantere Geschichte ist aber, wie der Miniort Kana zu einer solchen Kirche überhaupt kam.

Wie immer sind „biblische" Archäologen Schuld.

Bei irgendwelchen Bauarbeiten in dem kleine Ort Kana, stieß man genau an der Stelle, wo heute diese kleine Kirche steht, auf die Grundrisse eines Hauses aus uralter Zeit.

Und als Besonderheit: Auf Scherben.

Nein, nicht auf irgendwelche Scherben, sondern Scherben von einem besonders großen Krug.

Eine erste Analyse ergab:

In dem Krug war Wein gewesen vor etlichen hundert Jahren.

Und das war dann die Sensation.
Natürlich war das einer der Krüge, von dem
wir heute im Evangelium gelesen haben.
Natürlich war das das Haus des Apostel Si-
mon aus Kana (Mt 10,4).
Natürlich war Jesus auf der Hochzeit dieses
Apostels hier in diesem Haus gewesen, wo
sonst.
Natürlich konnte man hier nicht irgendetwas
bauen, sondern nur eine kleine Kirche.
Die Kirche war längst erbaut, mitten in ei-
nem arabischen Ort mit zirka 600 muslimi-
schen Einwohnern, als man feststellte, dass
die Hausreste und vor allen Dingen die ge-
fundenen Scherben wohl aus dem 15. oder
16. Jh. n. Chr. - also aus der Zeit der Os-
manen - stammten, keineswegs aus der
Zeit Jesu.
Aber die Kirche blieb.
Und ich find die Geschichte einfach schön.
Immer wenn ich das heutige Evangelium
höre, muss ich an diese nette Geschichte
denken.

Und wer behauptet eigentlich, dass An-
sprachen immer lehrreich und inhaltsschwer
sein müssen.
Ich finde, so eine kleine sympathische Ge-
schichte zum Schmunzeln von einer kleinen
Kirche in Kana ist schon eine Ansprache
wert, oder?

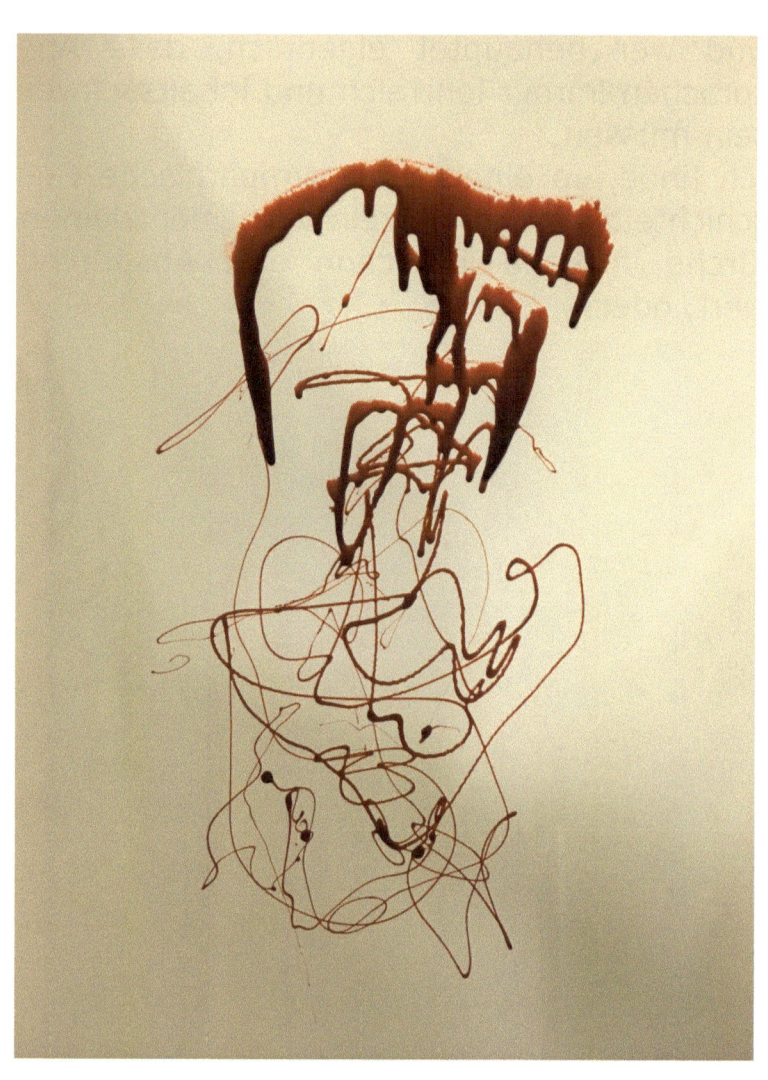

Stille

beruhigt

betört

ersehnt und gewollt

ab einer bestimmten Dauer

zu laut

Gott überfordert?

alle diese Kirchen und Dome
in denen sie beten und bitten

alle diese Synagogen
alle diese Moscheen
alle diese Tempel
Kultplätze und heilige Orte

dazu noch die vielen stillen Kämmerleins

und die einen beten und bitten um dieses
und die anderen um jenes

die einen dafür
die anderen dagegen

und alle beten und bitten Gott

ist der damit nicht überfordert?

Schneeflocke

geboren aus dem weichen Schoß der Mutter
Wolke trat ich meinen Lebensweg an

irgendwo am Ende meines Weges, so
wusste ich, wartet der Tod auf mich

durch Luftschichten wie Lebensjahre rückte
ich diesem Lebensende nah

manche waren kalt und ließen mich hart
werden wie Hagel

manche waren warm und fast wäre ich
dahingeschmolzen

mit vielen anderen begann mein Weg und
mit vielen anderen würde er enden

an manchen stieß ich mich im
aufwirbelnden rauen Wind

mit manchen glitt ich durch ruhige Zonen
abwärts dem unvermeidlichen Ziel entgegen

oftmals fielen wir einsam und weit verstreut
und waren nur schwer auszumachen

oftmals fielen wir gemeinsam und in Massen
und waren erschreckend stark

wie würde nach meinem Lebensweg mein
Ende sein?
lang und getreten auf knochenhart
gefrorenem Boden
kurz und zerfließend auf warmen feuchten
Untergrund

eines wusste ich, getaut und tot bin ich bald
vergessen.
doch die Hoffnung bleibt,
im nächsten Schneefall gibt es eine
Wiedergeburt.

Ansprache:

„mein Königreich ist nicht von dieser Welt"

(Joh 18,33b-37)

Pilatus fragte Jesus: Bist du der König der Juden?
Jesus antwortete:
Sagst du das von dir aus, oder haben es dir andere über mich gesagt?
Pilatus entgegnete: Bin ich denn ein Jude?
Dein eigenes Volk und die Hohenpriester haben dich an mich ausgeliefert. Was hast du getan?
Jesus antwortete:
Mein Königreich ist nicht von dieser Welt.
Wenn es von dieser Welt wäre, würden meine Leute kämpfen, damit ich den Juden nicht ausgeliefert würde. Aber mein Königreich ist nicht von hier.
Pilatus sagte zu ihm: Also bist du doch ein König?
Jesus antwortete:
Du sagst es, ich bin ein König.
Ich bin dazu geboren und dazu in die Welt gekommen, dass ich für die Wahrheit Zeugnis ablege. Jeder, der aus der Wahrheit ist, hört auf meine Stimme.

Liebe Leser, tut mir leid, aber mir fiel es gerade ziemlich schwer, nach dem Lesen dieses Evangeliums von einer: „frohen Botschaft unseres Herrn Jesus Christus" zu sprechen.

Heute am letzten Sonntag im Kirchenjahr feiert die Kirche das Christkönigsfest.
Und während ich draußen schon die eine oder andere Weihnachtsdekoration gesehen und zuhause schon Spekulatius zum Kaffee gegessen habe, kommt heute im Lesezyklus ein Evangelium aus der Passion.
Und dann ausgerechnet vom Evangelisten Johannes.
Am meisten hat mich der Satz gestört: „Mein Königreich ist nicht von dieser Welt ......"
Ich kann mich daran erinnern, dass meine Oma von Leuten sagte, die etwas durchgeistig wirkten oder sonderbar waren:
„der ist auch nicht von dieser Welt".
Aber Jesus als sonderbar darzustellen, liegt bestimmt nicht in der Absicht des Evangelisten Johannes.
Trotzdem fühle ich persönlich Unbehagen bei vielen Geschichten und Reden, die der Evangelist Johannes in seinem Werk verkündet.
Und ich habe überlegt, woher das kommt.

Johannes beschreibt doch eigentlich genau das, was ich als Kind im Elternhaus, im Religionsunterricht oder in der Kirche immer eingetrichtert bekommen habe.

Der liebe Gott ist im Himmel.

Also ist dort auch sein Königreich.

Er sitzt auf einem Thron mit Jesus an einer Seite und dem Heiligen Geist in Gestalt einer Taube auf der anderen Seite und richtet die Menschen.

Deshalb muss man auf Erden ein gottesfürchtiges Leben führen, Nächstenliebe praktizieren und gläubig und fromm sein, um in den Himmel zu kommen.

Wenn man das nicht ist, geht es nach dem Tod ab in die....

Na, lassen wir die Drohung mit dem Fegefeuer und der Hölle einfach mal weg.

Aber genau zu dieser Vorstellung von damals passt der Satz heute:

„Mein Reich ist nicht von dieser Welt."

Aber dem entgegengesetzt steht das, was ich im Laufe der Jahre aus den drei anderen Evangelien gelernt habe.

Himmelreich oder Reich Gottes oder Gottesherrschaft ist nicht etwas im Jenseits.

In vielen Reden und Gleichnissen versucht Jesus darauf aufmerksam zu machen.

Und Lukas formuliert es auf den Punkt genau, indem er immer wieder vom „Heute" spricht, wo sich die Heilsgeschichte Gottes mit den Menschen guten Willens ereignet.

Himmelreich oder Reich Gottes ist hier auf Erden, mitten unter uns.

Schließlich hat Gott auch einmal das Paradies auf Erden geschaffen und nicht im Himmel.

Immer wieder weist Jesus darauf hin, Augen und Ohren aufzumachen, um die vielfältigen Erscheinungen der Gottesherrschaft mitzubekommen.

Es ist nichts Großartiges, keine Pracht, Prunk und Herrlichkeit mit dem Jesus das Gottesreich beschreibt, sondern eher wie ein kleines Senfkorn.

Jesus setzt das Reich Gottes mitten hinein in meine Welt, in mein Leben, in meine Ängste und meine Träume.

Und wie ich an diesem Punkt meiner Überlegungen angekommen bin, taucht natürlich die Frage auf:

„Was will denn der Evangelist Johannes?"

Seine theologischen Aussagen sind doch ganz andere, oder?
Eben!
Johannes und sein Evangelium leben in einer eigenen Welt.
Für ihn ist Jesus gleich Gott und immer schon so gewesen. Das hören wir schon zu Beginn seines Evangelium:
„Im Anfang war das Wort, und das Wort war bei Gott und Gott war das Wort."
Man könnte böswilligerweise sagen, Johannes schwebt in ganz anderen Sphären.
Er sieht oben den Himmel in seiner ganzen göttlichen Pracht und hier unten die finstere Erde mit ihrer Not und ihrem Elend.
Und da steigt Gott (Jesus) herab, um der Erde ein bisschen Licht zu bringen.
Deshalb die Rede heute in der Schriftlesung vom Königreich, das nicht von dieser Welt.
Wie gesagt, Johannes hat eine eigene – ja, vielleicht eine eigenwillige Sicht der Dinge.
Ich habe für mich beschlossen:
Johannes – Johannes sein zu lassen und mich lieber an die „Frohe Botschaft" der drei anderen zu halten.

Denn, wenn sie davon sprechen, dass es in unserer Macht liegt, in meiner und auch in Ihrer, hier Reich Gottes zu leben und zu verwirklichen, ganz konkret hier und heute, dann denke ich nicht darüber nach, was da oben im Himmel mich irgendwann vielleicht einmal erwarten könnte.

Erstens weiß das niemand und zweitens hilft mir das hier und jetzt wenig.

Was mir aber hier und jetzt hilft, ist das kleine Samenkorn Gottesherrschaft, an dem ich in meinem irdischen Leben Anteil haben kann.

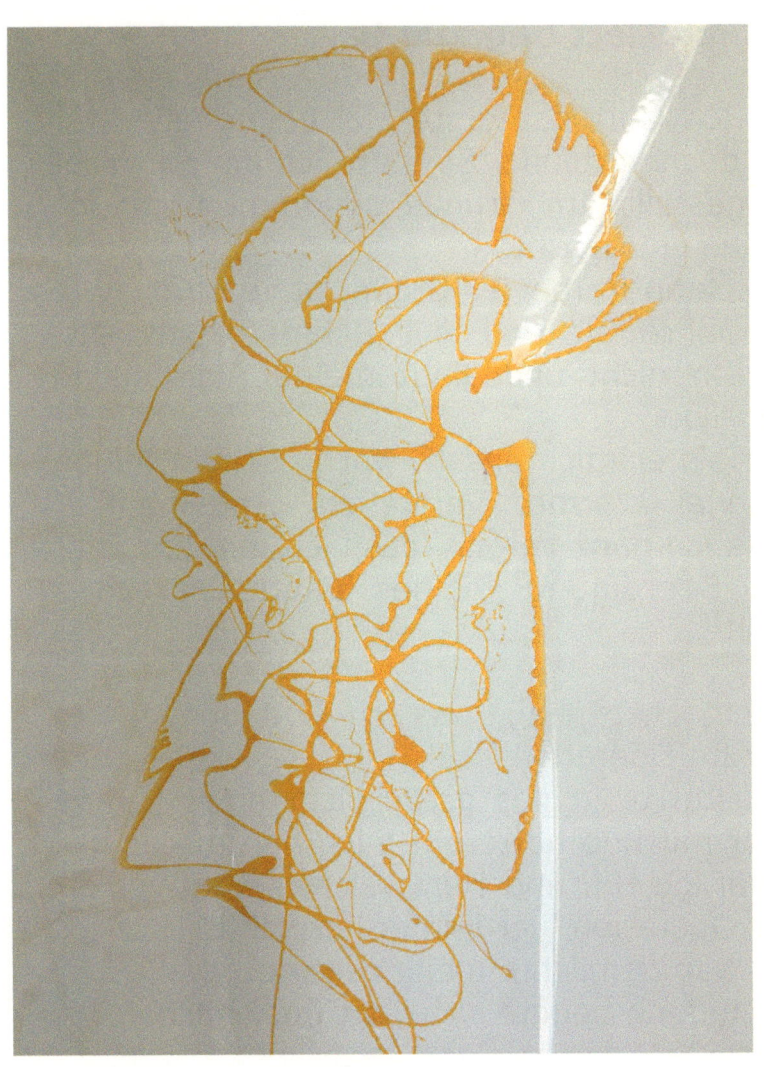

als ich Gott begegnete

Als ich Gott das erste Mal begegnete, war ich doch verblüfft: So hatte ich ihn mir nicht vorgestellt. Im Grunde genommen war ich etwas enttäuscht.

Ein Mann in meiner Größe, ohne Bart, zirka 50 Jahre alt und mit Schmerbauch entsprach nicht unbedingt meiner Vorstellung von Gott.

Nur als er mich ansah, war in seinen Augen so viel Wärme, Verstehen, Anteilnahme, dass ich ganz vergaß, dass ich mit ihm über die Beerdigung meines Vaters sprechen wollte.

Das nächste Mal, dass ich Gott begegnete, war im Operationssaal.

Ich starrte in das grelle Licht einer Lampe über mir und hörte um mich herum das geschäftige Hin und Her, welches wohl vor einer Operation hier immer herrschte.

Mir war ziemlich mulmig zumute.

Doch dann beugte sich Gott über mich.

Sie hatte ein Netz über die Haare gestreift und ich konnte ihre Haarfarbe nicht erkennen. Auch bedeckte ein Mundschutz den unteren Teil ihres Gesichtes. Ich sah nur ihre Augen.
Ihre Hand auf meiner Schulte fühlte sich warm an und ihre Stimme war sanft und einschläfernd als sie mir sagte, ich müsste keine Furcht haben.

Vielleicht bin ich Gott ja noch viel öfter begegnet ohne dass Erinnerungen an diese Begegnungen mir im Gedächtnis geblieben sind.

Ansprache:

„Was fällt dem denn ein?"
(Mk 6,1b-6)

In jener Zeit kam Jesus in seine Heimatstadt; seine Jünger begleiteten ihn.
Am Sabbat lehrte er in der Synagoge. Und die vielen Menschen, die ihm zuhörten,
staunten und sagten:
Woher hat er das alles? Was ist das für eine Weisheit, die ihm gegeben ist! Und was sind das für Wunder, die durch ihn geschehen! Ist das nicht der Zimmermann, der Sohn der Maria und der Bruder von Jakobus, Joses, Judas und Simon? Leben nicht seine Schwestern hier unter uns?
Und sie nahmen Anstoß an ihn und lehnten ihn ab.
Da sagte Jesus zu ihnen:
Nirgends hat ein Prophet wo wenig Ansehen wie in seiner Heimat, bei seinen Verwandten und in seiner Familie.
Und er konnte dort kein Wunder tun; nur einigen Kranken legte er die Hände auf und heilte sie.
Und er wunderte sich über ihren Unglauben.
Und Jesus zog durch die benachbarten Dörfer und lehrte dort.

Es gibt Fragen, auf die wollen wir gar keine Antwort. Zum Beispiel die Frage:
„Was fällt dem denn ein?"
Da wird gar keine Antwort drauf erwartet.
Nein, diese Frage soll nur unser Unverständnis über jemanden ausdrücken, den wir glauben ganz sicher zu kennen.
„Was fällt dem denn ein?"
So oder so ähnlich haben wahrscheinlich auch die Leute aus Nazareth auf Jesus reagiert. Sie kannten ihn von Kindheit an. Sie wussten, wer er war, kannten seine Familie, seinen Werdegang, seinen Beruf. Er war bisher einer von ihnen gewesen und nicht besonders aufgefallen.
Umso mehr wunderten sie sich jetzt, staunten und wurden sogar ärgerlich, als er auf einmal in der Öffentlichkeit auftrat, Wunder wirkte und sich mit studierten Theologen anlegte.
„Was fällt dem denn ein?"
Sie nehmen Anstoß an ihn, weil nicht sein kann, was nicht sein darf, was eben nicht in ihr Bild von diesem Jesus passt.
Aber ist das heute bei uns anders?

Nehmen wir zum Beispiel die Mutter, die sich bereit erklärt, Kinder auf die Erstkommunion vorzubereiten.

„Was fällt der denn ein?"

„Die hat man doch selbst kaum im Gottesdienst gesehen."

„Wieso darf die so etwas?"

„Will die sich profilieren?"

Oder nehmen wir einen Wort-Gottes-Dienst-Leiter, der seinen Gottesdienst etwas anders gestaltet, als die Gottesdienstbesucher gewohnt sind.

Und schon hört man wieder die Frage:

„Was fällt dem denn ein?"

„Kann der sich nicht an die gängigen Abläufe halten?"

„Ist der etwas Besseres?"

So oder so ähnlich sind die Reaktionen, wenn auch heute jemand aus dem festgefügten Rahmen herausfällt.

Nicht anders als zurzeit Jesus.

Der Grund für solche Reaktionen liegt einfach in unserer Menschlichkeit begründet.

Und Jesu Menschlichkeit war auch der Grund, warum die Menschen damals in Nazareth so gar nicht mit ihm klar kamen.

Seine Menschlichkeit ist und war es, die andere daran hindern, an seine Göttlichkeit zu glauben.

Mit Gott, der durch Jesus wirkt, verbinden viele Machttaten, Aufsehenerregendes.

Wenn Gott im Spiel ist, muss schon etwas Außergewöhnliches passieren.

Wenn also dieser Jesus etwas Göttliches hat, dann muss der Event in Nazareth ein Knaller werden.

Und genau diese stillen Vorwürfe hören wir heute nach 2000 Jahren immer noch.

Wenn durch Jesus die Gottesherrschaft angebrochen ist, warum gibt es dann nicht mehr Frieden, Freiheit und Gerechtigkeit unter den Menschen.

Aber gerade die Geschichte in Nazareth macht deutlich, Gott ist anders, eben menschlich. Sein Reich kommt nicht mit Gewalt und Feuerwerk, sondern durch seine göttliche Liebe und Zuneigung.

Und er braucht die Menschlichkeit, um seine Liebe und Zuneigung durch Menschen für Menschen sichtbar zu machen.

Deshalb ist Jesus einer von uns, einer der diese Menschlichkeit Gottes aufgezeigt hat.
Für die einen ist dies ein gangbarer Weg, für andere eben ein Stein des Anstoßes.
An Stelle der Frage ohne Antwort:
„Was fällt dem denn ein?"
sollten wir lieber fragen:
„Ist das nicht vielleicht ein kleines Senfkorn Gottesreich."

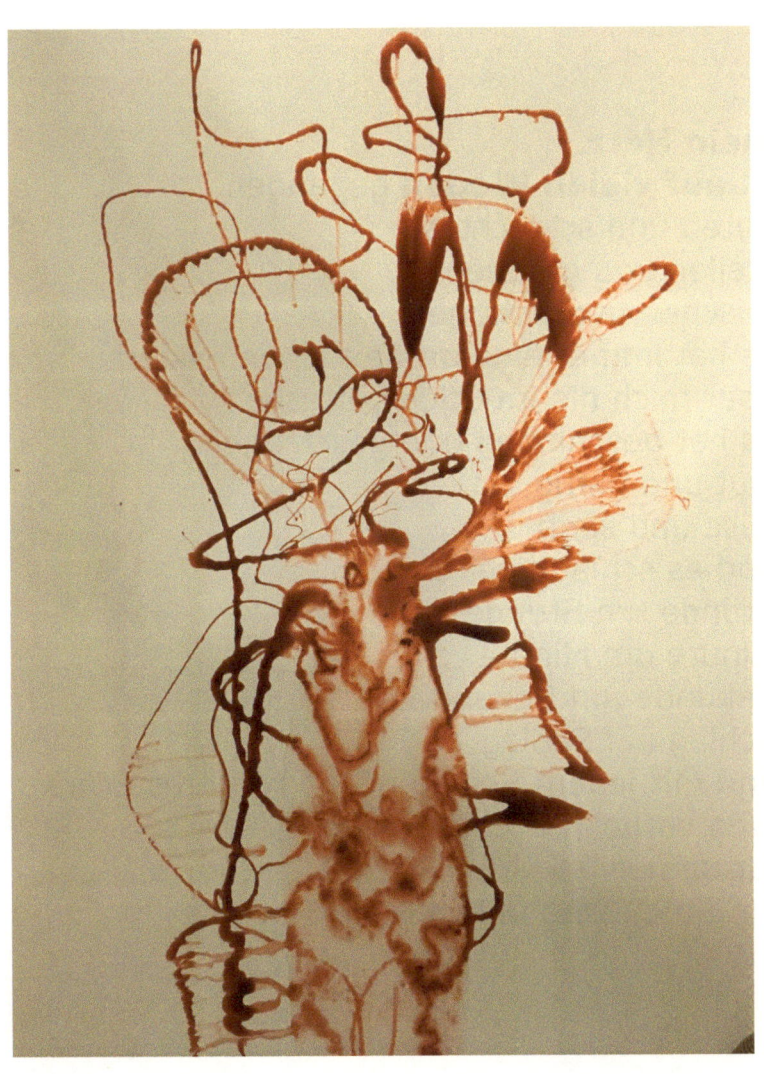

mein Herz
ist **auf vielen Wegen** gegangen
guten und schlechten
steilen und geraden
falschen und richtigen
es hat immer eine große Klappe riskiert
aber mich nie im Stich gelassen
es hat geschlagen und geschlagen
laut und heftig
leise und sanft
und es schlägt weiter
Stunde um Stunde
Minute um Minute
Sekunde um Sekunde
Schlag auf Schlag
und mit jedem Schlag ist ein weiteres Stück
Weg vorbei
für immer
ein Stück Weg in Richtung Ewigkeit
bis …..

Heinz-Josef van Ool, geb. 1953, lebt in
Mönchengladbach, ist verheiratet und Vater dreier
Söhne.
Seit über 20 Jahren beschäftigt er sich mit der
Bibel, vornehmlich mit dem Alten Testament.
In Studienreisen nach Israel, Jordanien und Syrien
hat er viele Orte der Bibel besucht und auf sich
wirken lassen.
Gedankenspiele mit biblischen Geschichten und
Personen sind für ihn eine ständige Quelle für neue
Gedichte, Texte und Ansprachen.

Weitere Bücher sind:

lass UNS Menschen machen...
Die Weiblichkeit der Samuelbüchern.
Herstellung und Verlag: Books on Demand
GmbH Norderstedt. ISBN 978-3-7562-258-4

mit anderen Worten
Gedankenspiele zu biblischen Texten.
Herstellung und Verlag: Books on Demand
GmbH Norderstedt. ISBN 978-3-7431-4885-7

mit anderen Worten (II)
Gedankenspiele zu biblischen Texten.
Herstellung und Verlag: Books on Demand
GmbH Norderstedt. ISBN 978-3-7448-1322-8

Eine unmögliche Forderung
Roman über den Propheten Amos.
Herstellung und Verlag: Books on Demand
GmbH Norderstedt. ISBN 978-3-7357-5125-6